EDICT DV ROY,

du 20. Decembre 1636.

Portant entre autres choses le prix que sa Majesté veut que le marc d'or & d'argent soit vendu par les Orfeures, Ioyaulliers, Affineurs, & autres.

ET

REGLEMENT SVR LE FAICT dudit Mestier d'Orfeurerie.

Leu, publié, & registré en la Cour des Monnoyes le 8. Ianuier 1637.

A PARIS,
Chez SEBASTIEN CRAMOISY Imprimeur ordinaire du Roy, & és Monnoyes, ruë sainct Iacques, aux Cicognes.

M. DC. XXXVII.
AVEC PRIVILEGE DV ROY.

LOVIS par la grace de Dieu Roy de France & de Nauarre. A tous ceux qui ces presentes Lettres verront, Salut. Les grands desordres qui se sont glissés depuis quelques années en nostre Royaume, tant au faict des monnoyes que de l'Orfeurerie, par le cours & exposition de toutes sortes de mauuaises especes estrangeres, foibles, legeres, & de mauuais alloy, billonnement, transport, & fonte de nos bonnes & fortes monnoyes, surachat & suruente du prix du marc d'or & d'argent par les Affineurs, Orfeures, Ioyaulliers, Merciers, Batteurs & Tireurs d'or & d'argent, Graueurs, Doreurs, & autres artisans & marchans trauaillans & trafiquans d'or & d'argent, & par la fabrication excessiue de quãtité d'ouurages d'Orfeurerie d'vn poids extraordinaire & excessif, Nous ayant obligez pour y apporter quelque remede d'arrester & limiter par nostre Edict & Declaration des mois de Mars & Iuin derniers passez, le prix des monnoyes courantes, & ensuite de reigler par Arrest de nostre Conseil d'Estat du premier May ensuiuant, le prix du marc d'or fin à trois cens vingt liures, & du marc d'argent le Roy à vingt-trois liures dix sols, auec defenses aux Orfeures, & autres y dénommés, de l'acheter & vendre à plus haut prix, sur les peines y contenues: Esperans par ce moyen reprimer la licence que lesdits Orfeures & autres se sont donnez de surachepter & suruendre l'or & l'argent de leurs ouurages, dequoy s'estans depuis plaints que ledit prix par nous donné au marc d'or & d'argent par ledit Arrest de nostre Conseil, n'estoit iustement proportionné à la valeur du marc ouuré selon l'augmentation que nous auons donné aux especes d'or & d'argēt par nostredit Edit & Declaration, & qu'en cela ils estoient interessés, en ce que le tiltre de leurs ouurages est plus haut que celuy des especes d'argent qui se fabriquent en nos monnoyes, à nos coins & armes, Nous aurions, ayant esgard à leurs plaintes, par autre Arrest donné en nostre Conseil, & en nostre presence, le dixiesme Septembre dernier, en attendant vn reglement general pour la reformation de nos Monnoyes, par prouiſion, & iuſques à ce que autrement y ait eſté par nous pourueu, Ordonné, que les Maiſtres & Fermiers particuliers de nos Monnoyes, ſeroient tenus payer à ceux qui leur apporteroient des matieres & vaiſſelles d'or & d'argent à vendre; Sçauoir du marc d'or fin, trois cens quatre vingts quatre liures, & du marc d'argent le Roy, vingt-cinq liures, nonobſtant ledit Arreſt du premier iour de May dernier, auquel pour ce regard ſeulement aurions dérogé. Et bien que ce dernier prix par nous conſtitué au marc d'or & d'argent, par l'auis meſmes de quelques Orfeures, les deuſt contenter & retenir de plus ſuracheter & ſuruendre l'or & l'argẽt de leurs ouurages: Neantmoins nous ſommes aduertis que aucuns d'eux ont encores esté si osez, depuis la publication de nostredit Arrest du dixiesme Septembre dernier, que d'encherir, suracheter & suruendre publiquement en leurs boutiques, le marc d'argent de leurs ouurages, iusques à vingt-sept, vingt huict & vingt-neuf liures, non compris la faço. Ce qu'ils ont faict d'autant plus hardiment que l'impunité de leurs abus leur donne l'audace de contreuenir à nos Ordonnances, & à nos Arrests, n'estans veillez, visitez, ny corrigez de leurs fautes par la diuersité de Iuges qu'ils affectent, pour ce qui concerne leur Mestier, d'où prouient l'entretien du luxe de nos Sujets, n'y ayant auiourd'huy si petit qui ne fasse parade de richesse par la monstre des pieces d'Orfeureries de poids excessifs, iusqu'aux plus viles vtenciles de sa maison, qui cause la penurie & rareté de monnoye, tant necessaire pour le commerce, & qui pis est le chommage de nos Monnoyes, n'y en ayant à present que quatre ou cinq qui trauaillent en nostredit Royaume, les matieres qui y sont destinées, & qui doiuent estre portées estans détournées, diuerties & enleuées par les Orfeures, par l'intelligence & correspondance qu'ils ont auec les Marchands Estrangers traficquans d'or & d'argét au preiudice de nostredit Estat, & des Maistres des Monnoyes. A quoy voulant pouruoir, retrancher tous ses abus, oster le luxe qui en procede, & reparer le dommage & la perte qu'en reçoiuent nos Suiets. A CES CAVSES, Sçauoir faisons qu'apres auoir fait mettre cét affaire en deliberation en nostredit Cõseil, où estoient aucuns Princes, Seigneurs & grands Personnages; De l'aduis d'iceluy, & de nostre science, pleine puissance, & authorité Royale, Nous auons dit & declaré, disons & declarons par ces presentes, signées de nostre main, voulons & nous plaist, que le prix du marc d'or & d'argent par nous constitué & reglé par ledit Arrest de nostre Conseil, du dixiéme Septembre dernier, registré en nostre Cour des Monnoyes, soit également gardé par les Maistres de nos Monnoyes, Orféures, Ioyaulliers, Merciers, Affineurs, Départeurs, Batteurs, & Tireurs d'or & d'argent, Graueurs, Doreurs, & autres Artisans & Marchands, tant nos Sujets qu'Estrangers, trauaillans & traficquans d'or & d'argent en tout nostre Royaume, Pays, terres &

Seigneuries de nostre obeyssance ; Leur faisant & à tous autres de quelque estat, qualité, & condition qu'ils soient, defenses d'y contreuenir, d'achepter ni vendre, directement ou indirectement le marc d'or & d'argent, en masse ou lingot, en œuure ou hors d'œuure, à plus haut prix que celuy qui est permis par nostredit Arrest du dixiéme Septembre dernier ; sçauoir le marc d'or fin trois cens quatrevingts quatre liures ; & le marc d'argent le Roy à vingt-cinq liures, sur peine de confiscation des matieres, & vaissellès d'or & d'argent qui se trouuerront auoir esté surachetées & suruenduës ; & outre de cinq cens liures d'amende contre les vendeurs, & de priuation de la Maistrise contre lesdits Orféures, Affineurs, & autres dessusdits pour la premiere fois, & de punition corporelle pour la ſeconde.

Defendons pareillement à toutes perſonnes, ſoit nos Sujets ou Eſtrangers, de quelque qualité & condition qu'ils ſoient, de vendre, eſchanger, trocquer ou permuter aucunes matieres d'or & d'argent, en maſſe ou lingot, ni vieille vaiſſelle d'argent fonduë, caſſée & rompuë, ſinon aux Maiſtres de nos Monnoyes, ſur peine de confiſcation; ſans toutesfois en ce comprendre les vaiſſelles & ouurages entieres portans façon, leſquels pourront eſtre vendus aux Maiſtres de nos Monnoyes & aux Orféures indifferemment, ſelon la commodité de nos Sujets. Et ſeront leſdits Maiſtres de nos Monnoyes, & les Orféures, tenus chacun à leur eſgard, faire bon & loyal Regiſtre

& papier ordinaire, de toutes les matieres, vaiſſelles & ouurages d'or & d'argent, qu'ils acheteront où ſera eſcrite la quantité, qualité, & poids des ouurages & matieres qu'ils auront acheptées par chacun iour, pour leſdits Regiſtres & Papiers repreſenter quand ils en ſeront requis.

Et pour arreſter le luxe & la trop grande ſuperfluité des ouurages d'or & d'argent, qui eſt auiourd'huy en noſtre Royaume, Auons auſſi fait & faiſons tres-expreſſes inhibitions & defenſes à tous les Orféures tant de Paris que des autres villes de noſtre Royaume, de faire d'oreſnauant & à l'aduenir, aucuns ouurages ciſelez, grauez, & moulez pour quelques perſonnes que ce ſoit: Voulons qu'il ſoit fait inuentaire de tous ceux qui ſe trouueront dans leurs boutiques, & qu'il ſoit porté au Greffe de noſtre Cour des Monnoyes pour y auoir recours quand beſoin ſera, afin qu'il n'en ſoit abuſé. Defendons pareillement auſdits Orféures, de faire pendant vn an, & iuſques à ce que autrement en ait eſté ordonné, aucunes vaiſſelles ou ouurages d'or, excedant le poids de quatre onces; ni aucunes pieces de vaiſſelles d'argent, excedant quatre marcs d'argent, pour qui que ce ſoit; ſans en auoir par ceux qui commanderont les ouurages, noſtre permiſſion ſpeciale, par nos Lettres Patentes, ſeellées de noſtre grand Sceau, & enregiſtrées en noſtre Cour des Monnoyes, ſur peine de confiſcation deſdits ouurages, de cinq cens liures d'amende, cloſture de la boutiqne deſdits Orféures pour la premiere fois, & de punition corporelle en cas de recidiue.

Ordonnons ſuiuant les anciennes Ordonnances des Roys nos predeceſſeurs, & les noſtres, ſur le faict de l'Orféurerie, que tous leſdits Orféures de noſtre Royaume ſeront tenus d'oreſnauant, de vendre l'or & l'argent de leurs ouurages ſeparément de leurs façons, & leurs façons à part, & à cette fin qu'ils bailleront bordereaux ſignez d'eux, contenant le prix de l'or & de l'argent des ouurages par eux vendus & liurez, & de la façon de chacune piece, leſquelles façons voulons eſtre raiſonnablement arbitrées & reglées par noſtre Cour des Monnoyes, apres qu'elle en aura pris l'aduis des Maiſtres & Gardes de l'Orféurerie eſtans en charge, & des anciens Maiſtres & Experts dudit Meſtier, qu'elle iugera eſtre necessaire d'appeller & ouyr ; Voulans que ce qui sera sur ce ordonné par Arrest de nostredite Cour, soit entierement suiuy & executé, nonobstant oppositions ou appellations quelconques ; & que le Reglement qui sera par elle fait pour la façon des ouurages d'Orféurerie, soit publié & affiché par tous les lieux & endroits que besoin sera, tant en cette ville de Paris qu'és autres de nostre Royaume : Et outre que chacun desdits Orféures ait en lieu éminent dans sa boutique vn Tableau, auquel seront escrites les valeurs des marcs d'or & d'argent, & le prix de leurs façons, à ce que d'oresnauant tous nos Sujets soient rendus certains de ce qu'ils auront à payer pour chacune piece d'ouurage d'Orféurerie, & n'y puissent plus estre surpris n'y deceuz.

Et pour regler le grand nombre d'Orféures qui eſt auiourd'huy en noſtre Royaume, notamment en noſtre ville de Paris, d'où procede en partie le déreglement dudit Meſtier; Voulons que le nombre en ſoit reduit & limité en chacune Ville où il y a corps d'Orféurerie eſtably, ſelon qu'il ſera trouué raiſonnable; & pour cét effect, que defenſes leur ſeront faites, comme nous leurs faiſons par ces preſentes, de plus prendre aucuns apprentifs, que premierement ils n'en ayent permiſſion, ſçauoir les Maiſtres de Paris, de noſtre Cour des Monnoyes, & ceux des autres Villes, des Iuges & Gardes des Monnoyes de leur Reſſorr, iuſques à ce que la reduction qui en ſera faite par noſtredite Cour des Monnoyes ayt eſtéentierement executée, ou qu'autrement

trement en ayt esté par nous ordonné.

Et pourceque nous sommes bien aduertis que la premiere & principale cause du surhaussement du prix de l'or & de l'argent, du surachapt & de la suruente qu'en font les Orféures, de la rareté des monnoyes à nos coings & Armes, au preiudice du bien de nostre Estat, & de nos Sujets, prouient desdits Affineurs; lesquels bien que originairement instituez pour l'aduancement du trauail, & ouurage de nos monnoyes, les ruinent du tout par la soustraction & fonte qu'ils font dans leurs maisons priuées des matieres destinées pour la fabrication de nos monnoyes, & par l'encherissement & suruente qu'ils font, tant aux Orféures que autres Artisans, de l'argent par eux affiné, leur auarice les portans à fondre les meilleures especes de nos monnoyes ; Voulons que le nombre desdits Affineurs soit reduit par nostredite Cour des Monnoyes à douze ou quinze pour le plus, en nostre ville de Paris, & és autres Villes où il y a grand Commerce & Monnoye establie, à tel nombre que l'on iugera estre necessaire ; & que ladite reduction estât faite, ceux qui se trouuerront les plus capables & plus experimentez pour seruir & aduancer le trauail de nos monnoyes, seront tenus & contraints d'aller faire leurs fontes, affinages & departs, dans les Hostels de nos Monnoyes, où nous voulons estre dressez fourneaux & affinoires, à ce propres & necessaires, ou que les anciennes, si anciennes y a, soient refaites & rebasties le plus promptement que faire se pourra ; & lés refections & reparations d'icelles baillées au rabais & moins disans, en nostredite Cour des Monnoyes ; & les deniers qu'il conuiendra pour cét effect, fournis par les Tresoriers de nostre Espargne, és mains des Receueurs generaux des boistes pour employer ausdites reparations, cependant & iusques à ce que les affinoires soient faites & mises en estat d'y pouuoir trauailler, faisons tres-expresses inhibitions & defenses à tous lesdits Affineurs d'auoir ou tenir en leurs maisons, ny ailleurs, aucuns fourneaux propres à fondre & affiner metaux, en quelque sorte & maniere que ce soit, & de fondre & affiner aucunes de nos monnoyes d'or & d'argent, sur peine de punition corporelle, & d'amende arbitraire. Voulons que dés à present leurs soufflets soient seellez, & leurs fourneaux & affinoires rompuës dans leurs maisons, par les Commissaires qui à ce faire seront deputez par nostredite Cour des Monnoyes.

Et pour ce qu'il se commet plusieurs larcins de vaisselle & ouurage d'or & d'argent és maisons des Princes, & Seigneurs, & de plusieurs nos Sujets, dont il est difficile d'auoir aduis ny connoissance par les recelez & fontes secrettes qui s'en font en des fourneaux qui sont és maisons des particuliers, Defendons par ces presentes à toutes personnes, de quelque estat & condition qu'elles soient, d'auoir & tenir en leurs maisons, sous quelque pretexte que ce soit, aucuns fourneaux à fondre metail, & faire essays, fors les Orfèures, qui doiuent auoir leurs fourneaux en leurs boutiques; Voulans que toutes fontes & essays soient d'oresnauant faits és Hostels de nos Monnoyes, sauf à ceux qui ont besoin de fourneaux pour les operations de la Medecine, à se retirer pardeuers Nous pour en auoir la permission, & la faire registrer en nostre Cour des Monnoyes. Enioignant à tous autres qui en tiennent en leurs maisons par curiosité ou autrement, de les rompre & abbattre dans trois iours apres la publication des presentes, sur peine d'amende arbitraire.

Et pour la conseruation de l'or & de l'argent en nostre Royaume, Auons, suiuant les anciennes Ordonnances des Rois nos predecesseurs, & notamment suiuant la derniere Declaration du feu Roy Henry le Grand nostre tres-honoré Seigneur & Pere, du quinziesme Feurier mil six cens neuf, defendu & defendons tres-expressément à tous Marchans, tant nos Sujets, Regnicoles, qu'Estrangers, de plus éloigner les matieres d'or & d'argent qu'ils apporteront en France de nos plus prochaines Monnoyes, ny träsporter hors de nostredit Royaume, Pays, terres, & Seigneuries de nostre obeïssance, aucun or ou argent monnoyé ou non monnoyé, ny ouurages d'Orfeurerie, soit en grosserie ou menuiserie, sur peine de confiscation des matieres & marchandises, & autres choses qui se trouueront emballées auec lesdites matieres & ouurages d'or & d'argent, mesmes des charretes, harnois, & cheuaux qui les porteront, à qui que ce soit qu'ils puissent appartenir, de cinq cens liures d'amende, & de punition corporelle s'il y escher. Voulons que toutes nos Ordonnances sur le faict de l'Orfeurerie, notamment celle du feu Roy Henry secõd du mois de Mars mil cinq cens cinquante-quatre, pour la reformation & Reiglement des Orfeures, Ioyaulliers, Affineurs & Departeurs, Batteurs & Tireurs d'or & d'argét par tout nostre Royaume, soient exactement gardées & obseruées selon leur forme & teneur, Nonobstant toutes Declarations & Arrests, soit de nostre Conseil ou de nos Parlemens, que lesdits Orfeures & autres artisans susnommez pourroient auoir obtenus au contraire, lesquels entant que besoin est ou seroit, Nous auons reuoqué & reuoquons par ces presens tes. Voulons aussi que de toutes les contrauentions qui seront faites à nosdites Ordonnances, & au contenu en ces presentes, pour ce qui concerne le faict de nosdites Monnoyes, Orfeures, & leurdit Mestier, il soit à la requeste de nostre Procureur General en nostre Cour des Monnoyes promptement informé par nostredite Cour, & les Deputez d'icelle allans par nos Prouinces faire leurs visitatiõs & cheuauchées, Generaux Prouinciaux, & Gardes de nos Monnoyes, à l'encontre des contreuenans, pour estre les procés faits & parfaits, iusques à iugement diffinitif inclusiuement, nonobstãt oppositions ou appellations quelconques, & sans preiudice d'icelles, lesquelles si aucunes sont interiettées, Voulons suiuant les Edicts d'erection & establissement de nostredite

dite Cour des Monnoyes, estre releuez en icelle, à laquelle entant que besoin est ou seroit, nous en auons attribué toute Cour, Iurisdiction & cognoissance, & icelle interdite à toutes nos Cours de Parlement, & autres Iuges quelconques. SI DONNONS en mandement à nos amez & feaux les gens tenans nostre Cour des Monnoyes, que ces presentes ils ayent à faire lire, publier, & registrer, & le contenu en icelles obseruer & entretenir par tous nos Sujets de quelque condition qu'ils soient, sans souffrir ou permettre qu'il y soit contreuenu, en quelque sorte & maniere que ce soit. Enioignant à nostre Procureur General & ses Substituts en nos Monnoyes d'y tenir la main, & de certifier nostredite Cour de leurs diligences & poursuites. Et d'autant que de ces presentes on pourra auoir affaire en plusieurs & diuers endroits, Nous voulons qu'au vidimus d'icelles faict par l'vn de nos amez & feaux Conseillers & Secretaires, ou par le Greffier en chef de nostredite Cour des Monnoyes, foy soit adioustée comme au present original, Nonobstant aussi tous Edicts, Ordonnances, Declarations & Arrests, soit de nostre Conseil ou de nos Parlemens, & autres Lettres cõtraires: ausquelles quant à ce & aux derogatoires des derogatoires y contenus, Nous auons derogé & derogeons par ces presentes. CAR tel est nostre plaisir. EN tesmoin dequoy nous auons faict mettre nostre seel à cesdites presentes. DONNÉ à Noisy le vingtiesme iour de Decembre, l'an de grace mil six cens trente-six. Et de nostre regne le vingt-septiesme. Signé LOVIS. Et sur le reply, Par le Roy, DELOMENIE. A costé, Visa. Et seellé de cire verte du grand seel sur lacs de soye rouge & verte. Et sur ledit reply est encore escrit:

Leuës, publiées & registrées, ouy & ce requerant le Procureur General du Roy, pour estre executées & obseruées selon leur forme & teneur, suiuant l'Arrest de ce iourd'huy. A Paris en la Cour des Monnoyes, le huictiesme Ianuier 1637. Signé, DELAISTRE.

Extraict des Registres de la Cour des Monnoyes.

VEV par la Cour les Lettres Patentes du Roy en forme d'Edict à elles addressantes, données à Noisy le vingtiesme Decembre dernier, signées LOVIS, *Et sur le reply, Par le Roy,* DELOMENIE, *à costé Visa, seellées du grand seel, & contreseellées de cire verte sur lacs de soye rouge & verte: portant entre autres choses, que sa Maiesté veut que le prix du marc d'or & d'argent constitué & reglé par Arrest de son Conseil du dixiesme Septembre aussi dernier, registré en ladite Cour, soit égalcment gardé par les Maistres de ses Monnoyes, Orfeures, Ioyaulliers, Merciers, Affineurs, Departeurs, Batteurs & Tireurs d'or & d'argent,*

Graueurs, Doreurs, & autres Artisans & Marchands, tant ses Suiets qu'Estrangers trauaillans & trafiquãs d'or & d'argent en tout son Royaume, sçauoir le marc d'or fin trois cens quatre vingts quatre liures, & le marc d'argent le Roy vingt-cinq liures, & Reglement sur le faict du Mestier d'Orfeurerie, & des ouurages d'iceluy, & aussi pour les Affineurs & autres y denommez, & l'ordre que sa Maiesté prescrit pour l'achapt & vente de l'or & de l'argent, & façons desdits ouurages d'Orfeurerie, comme plus au long est contenu audit Edict, par lequel est mandé à ladite Cour faire lire, publier, & registrer ledit Edict, & le contenu en iceluy obseruer & entretenir, à ce qu'il n'y soit contreuenu: Enioignant au Procureur General en icelle Cour, & ses Substituds aux Monnoyes, d'y tenir la main. Ouy sur ce ledit Procureur

General, qui a requis l'enregiſtrement & publication. LA COVR a o donné & ordonne, que ledit Edict ſera regiſtré és regiſtres d'icelle, pour eſtre executé, gardé, & obſerué ſelon ſa forme & teneur, leu & publié à ſon de trompe & cry public par les Carrefours & lieux publics de cette ville & faux-bourgs de Paris, à ce qu'aucun n'en pretende cauſe d'ignorance: & que coppies collationnées par le Greffier de ladite Cour à l'original, ſeront enuoyees aux Generaux Prouinciaux, & Gardes des Monnoyes, pour auſsi faire lire, publier & executer ledit Edict & preſent Arreſt chacun d'eux dans l'eſtenduë de ſon reſſort, auſquels & aux Subſtituds dudit Procureur General ſur les lieux elle a enioint & enioint de tenir la main à l'execution, & certifier ladite Cour de leurs diligences & pourſuites, ſur peine de reſpondre des contrauentions en leurs *noms. Faict en la Cour des Monnoyes le huictiesme Ianuier mil six cens trente sept.* Signé, DELAISTRE.

L'an mil six cens trente sept, le quatorziéme iour de Ianuier, l'Edict du Roy contenu cy dessus, a esté leu & publié à son de trompe & cry public aux carrefours & autres lieux ordinaires de cette ville & fauxbourgs de Paris, en la presence de nous Nicolas Lambert, Iacques Blõdel, & Michel Rebours Huissiers en la Cour des Monnoyes soubs-signez, par Simon le Duc Iuré Crieur en ladite Ville, Preuosté & Vicomté de Paris, accompagné de Mathurin Noiret Iuré Trompette, & de deux autres Trompettes, à ce qu'aucun n'en pretende cause d'ignorance. Signé Lambert, Blondel, & Rebours.

Collationné aux originaux par moy Greffier en chef en la Cour des Monnoyes, soubs-signé.

www.ingramcontent.com/pod-product-compliance
Ingram Content Group UK Ltd.
Pitfield, Milton Keynes, MK11 3LW, UK
UKHW022144260726
13993UKWH00005B/2147